SOCIÉTÉ DE PROTECTION

DES ALSACIENS ET LORRAINS DEMEURÉS FRANÇAIS

*Reconnue comme Établissement d'utilité publique
par décret du 23 Août 1873.*

ÉLOGE

DE FEU M. LE

COMTE D'HAUSSONVILLE

de l'Académie Française, Sénateur,

Président de la Société de Protection

prononcé

dans la séance du Comité du 19 Juin 1884

par

M. F. MANNBERGUER

Trésorier général de la Société et l'un de ses Vice-Présidents.

PARIS

IMPRIMERIE CHAIX

Rue Bergère, 20

1884

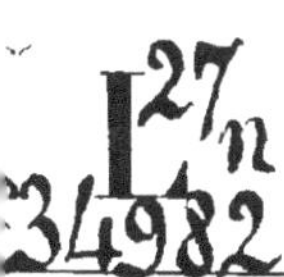

SOCIÉTÉ DE PROTECTION

DES ALSACIENS ET LORRAINS DEMEURÉS FRANÇAIS

*Reconnue comme Établissement d'utilité publique
par décret du 23 Août 1883.*

ÉLOGE

DE FEU M. LE

COMTE D'HAUSSONVILLE

de l'Académie Française, Sénateur,

Président de la Société de Protection

prononcé

dans sa séance du Comité du 19 Juin 1884

par

M. F. MANNBERGUER

Trésorier général de la Société et l'un de ses Vice-Présidents.

PARIS

IMPRIMERIE CHAIX

Rue Bergère, 20

1884

La mort à jamais regrettable de notre
vénéré Président, M. le comte d'Haussonville,
survenue quelques heures après la récente
assemblée générale de nos membres fonda-
teurs, m'a appelé, comme le plus ancien de
vos Vice-Présidents, à occuper provisoirement
ce fauteuil, et m'impose le devoir et l'honneur de vous parler tout d'abord de la perte
irréparable que nous avons faite.

Des voix plus autorisées que la mienne
ont fait déjà et feront longtemps encore l'éloge
de cet homme remarquable qui fut un esprit
supérieur de notre France contemporaine.

Permettez-moi de faire abstraction de ses
éminentes qualités de littérateur, d'académi-
cien, d'homme politique et de gentilhomme
de grande race, pour ne m'occuper ici que du
Président de la Société de protection des
Alsaciens-Lorrains.

Appelé par vos suffrages à ce poste de
dévouement, sans éclat et tout de sacrifices,

M. le comte d'Haussonville se consacra, dès le premier jour, à créer à notre Société toutes les ressources financières que ses relations sociales lui permettaient de mettre à contribution. Il stimula notre zèle à tous et sut profiter de son intimité politique et littéraire avec les gouvernants de 1872, pour faire affluer dans notre caisse une bonne partie des souscriptions destinées primitivement à la libération du territoire. Bientôt, grâce à lui, notre Société se vit en possession de sommes considérables, qui s'élevaient déjà, en 1874, à plus de 2,500,000 fr.

Afin de consolider notre œuvre et de lui donner une existence légale, notre Président fit approuver nos statuts par le Conseil d'Etat, et fit reconnaître, par décret du 23 août 1873, la Société de protection comme établissement d'utilité publique.

Mais son activité infatigable ne devait pas s'en tenir là.

Il méditait depuis longtemps d'utiliser les aptitudes colonisatrices de nos populations d'Alsace-Lorraine, en dirigeant vers l'Algérie les familles de cultivateurs qui voulaient soustraire leurs enfants au service militaire allemand, et il résolut de créer, dans notre colonie d'Afrique, des centres d'émigrés des pays annexés.

Cependant il fallait un fonds spécial pour atteindre ce but.

En 1874, notre Président entreprit une œuvre qui eut un succès retentissant. Toujours attentif à employer au bien de notre Société ses hautes relations, le comte d'Haussonville se fit accorder le local vacant du Palais-Bourbon et y organisa, au profit de la colonisation, en Algérie, des Alsaciens-Lorrains demeurés Français, une exposition artistique dont nous avons tous gardé le souvenir. Cette exposition fut un succès vraiment national. Notre Président fit des merveilles ; il décida nos collectionneurs les plus renommés à lui prêter leurs trésors d'art pour les révéler au public, tout en faisant une bonne œuvre. Il donna l'exemple en livrant lui-même ce qu'il avait de plus précieux ; il forma une commission spéciale composée des amateurs les plus érudits et les plus riches en curiosités et objets d'art. Tableaux, bronzes, meubles, livres anciens, manuscrits, tout ce qu'il y avait de plus rare était transporté dans les salons de l'hôtel de la Présidence et fut visité par un public immense de toutes les classes de la société de la population de Paris, des départements et de l'Europe entière. Cette exposition dura cinq mois et valut à notre Société une recette de 245,000 francs.

Poursuivant son but avec la ténacité de son intelligence supérieure, notre Président avait obtenu du Gouvernement la concession de plus de 5,500 hectares de terres en Kabylie, pour être répartis aux colons qui nous arrivaient d'Alsace-Lorraine.

Il s'était rendu en personne en Algérie, accompagné d'un de nos collègues, M. Guynemer, afin de choisir les emplacements les plus propices pour y établir nos colons. Un premier centre fut créé au caravansérail d'Azib-Zamoun, auquel le conseil général d'Alger a donné depuis le nom d'Haussonvillers. Quelque temps après naissait le village du Camp-du-Maréchal, dans une situation exceptionnelle, sur les bords du Sébaou. Au centre de ce village s'éleva bientôt une école dirigée par les sœurs de Ribeauvillé (Haut-Rhin) ; cette œuvre rend les plus grands services aux colons. Les fonds nécessaires furent fournis au comte d'Haussonville par des amis personnels et presque à l'insu de notre Société. Tous les princes d'Orléans, les Chalais-Périgord, les de Broglie, les Greffulhe sont au nombre des bienfaiteurs qui ont attaché leurs noms à cette création remarquable.

Sans cesse préoccupé d'élargir son cercle d'action, notre Président traita avec M. Jean Dollfus, de Mulhouse, pour l'annexion ou mieux pour la cession à notre Société, d'un essai de colonisation qui n'avait donné jusque-là que des résultats médiocres. J'ai nommé le beau village de Boukhalfa, actuellement entouré de vignobles, de jardins d'oliviers et de figuiers, situé à quelques kilomètres de Tizi-Ouzou, au pied du Djurjura.

Ces créations, qui ne furent pas exemptes de difficultés, car plusieurs mauvaises récoltes découragèrent maintes familles de nos nouveaux colons, coûtèrent à notre Société d'assez lourds sacrifices. Mais la persévérance de notre Président sut triompher de tous les obstacles et le comte d'Haussonville eut encore la satisfaction de constater, il y a deux ans à peine, lorsqu'il se rendit pour la dernière fois en Algérie, la prospérité qui régnait dans nos trois centres de colonisation, Haussonvillers, le Camp-du-Maréchal et Boukhalfa. Ce sont autant de monuments que le comte d'Haussonville éleva en Algérie au nom de la Société de protection des Alsaciens-Lorrains, car il s'oubliait dans ces grands travaux et, ne recherchant que le but patriotique le plus élevé, toutes ses pensées se concentraient dans cette Société, qu'il présidait avec la hauteur de vue que vous avez tous appréciée en le voyant si agissant à votre tête.

Mais ce n'était pas assez. Tandis que son activité semblait se porter tout entière du côté de la colonisation, il sut profiter des dispositions généreuses d'un homme qui cherchait à laisser une trace après lui. M. de Naurois entrait en relations avec notre Président, qui lui indiqua les moyens de créer au Vésinet un orphelinat destiné à recueillir des enfants alsaciens-lorrains. Vous connaissez tous cette retraite charmante au milieu des bois et en face des coteaux de Saint-Germain. Là encore, notre Président fit des prodiges ; l'asile construit en quelques semaines par l'habile architecte M. Petit, aux frais de M. de Naurois, il s'agissait de trouver des fonds pour doter l'établissement naissant et assurer l'entretien des enfants qui allaient nous être confiés. Le comte d'Haussonville institua, sous la

direction de notre excellent et dévoué collè-
gue M. Rumpler, vice-président, un comité
de dames patronnesses, de la charité desquelles
il sut obtenir la création de bourses destinées
à la fondation de lits, c'est-à-dire à pourvoir
à l'entretien des jeunes orphelines jusqu'à
l'âge de 16 ans. Notre Président obtint
ainsi la fondation de 33 lits qui portent les
noms du Sénat, de M. le duc d'Aumale, de
l'Académie de Paris, de la baronne de Vatry,
de la comtesse de Chambrun, de Mme Erard,
une de nos plus généreuses bienfaitrices ; une
partie du legs Fardoux fut employée à fonder
six lits.

L'orphelinat du Vésinet étant, conformément
aux intentions de M. de Naurois, exclusive-
ment consacré à des enfants du culte catho-
lique, le comte d'Haussonville fit venir des
sœurs de Saint-Charles de Nancy, et vous
avez tous eu l'occasion de constater la belle
tenue de cette maison dirigée par la mère Au-
gustine, supérieure de l'orphelinat. Chaque
année, notre Président y donnait, à l'occasion
de la distribution des prix aux enfants, une
petite fête intime où sa modestie appelait, pour
faire le discours d'ouverture, un de ses collègues de l'Académie française. Vous avez vu
l'autre jour ces pauvres et chères petites filles

dans leur costume alsacien, entourer le char funèbre de leur regretté bienfaiteur.

L'orphelinat du Vésinet possède, grâce à M. d'Haussonville, un certain chiffre de rentes nominatives qui suffit à peu près à ses besoins.

Dans un autre ordre d'idées, notre Président veilla scrupuleusement au maintien de la devise que nous avons inscrite en tête de nos statuts : Que notre Société, ayant un but essentiellement charitable, restait étrangère à toute tendance politique et à toute distinction confessionnelle. — L'impartialité du comte d'Haussonville, autant que son esprit libéral, surent le guider dans cette voie de façon à ménager à notre Société des amis dans tous les partis.

Telle a été, messieurs, l'œuvre du comte d'Haussonville, notre Président, qui a placé cette Société au premier rang des institutions utiles à nos provinces perdues.

Je ne saurais terminer sans rendre hommage à son grand caractère. Par son extrême bienveillance, autant que par sa simplicité, il avait le don de se mettre au niveau des plus hautes et des plus modestes situations ; il possédait le secret de captiver tous les cœurs et il était l'ami de chacun de nous. La finesse de son esprit, sa conversation attrayante nous tenaient sous le charme dans toutes nos réunions. Sa supériorité s'affirmait dans chaque circonstance avec autant de tact que de modestie. Non seulement notre Société, dont il était l'âme, mais l'Alsace-Lorraine et la France entière ont fait en lui une perte irréparable.

Déjà, de l'Algérie, s'élève une voix qui demande à consacrer son souvenir, et je ne doute pas que vous ne vouliez associer notre Société à la proposition que je vais avoir l'honneur de vous soumettre, de contribuer, dans une large mesure, à l'érection d'un monument dans la commune d'Haussonvillers, à la mémoire de notre illustre Président.

L'histoire retiendra le nom de ce grand citoyen, de ce patriote éclairé, qui nous répétait, au lendemain de nos désastres : « Ne parlons jamais de revanche, mais pen- » sons-y toujours. »

Inspirons-nous de cette belle parole et gardons précieusement, comme le feront nos compatriotes d'Alsace-Lorraine, le souvenir de cet homme de bien, de ce grand esprit et de ce noble cœur.

F. MANNBERGUER.

MEMBRES DU COMITÉ :

MM.

ALEXANDRE, ancien président à la Cour d'appel de Paris, *vice-président*.

ARON (Henry), maire-adjoint du 2e arrondissement.

BAMMEVILLE (Éric de), ancien auditeur au Conseil d'État.

BARTHOLDI (baron Fr.), conseiller-maître à la Cour des comptes.

BERGER (Théodore), administrateur de la Banque Impériale Ottomane.

BILLY (Charles de), conseiller référendaire à la Cour des comptes.

BINDER (Louis), ancien juge au Tribunal de commerce.

BUFFET, ancien président de l'Assemblée nationale, sénateur.

BERCKHEIM (baron de), général de division.

BUSSIERRE (Baron Léon de), ancien conseiller d'État, *vice-président*, et *président de la Commission exécutive*.

CUVIER (Frédéric), ancien conseiller d'État, sous-gouverneur de la Banque de France, *vice-président*.

DAUBRÉE, membre de l'Institut, inspecteur général des mines.

DIETZ-MONNIN, sénateur, président de la Chambre de Commerce de Paris.

DURRIEU, ancien receveur général du Bas-Rhin, président du Crédit Industriel et Commercial.

FLAXLAND (Édouard), négociant.

FRANQUEVILLE (comte de), ancien maître des requêtes au Conseil d'État.

FRIEDEL, membre de l'Institut, professeur à la Faculté des sciences.

GUEYDON (amiral comte de).

GUYNEMER, ancien sous-préfet de Saverne, *vice-président*.

HARCOURT (comte Bernard d'), ancien député.

HARTUNG, général de division.

HEPP (Eugène), sous-directeur des cultes.

HIMLY (Auguste), professeur à la Sorbonne, membre de l'Institut.

KELLER (Émile), ancien député de Belfort.

KRANTZ, sénateur.

LEFÉBURE, ancien député du Haut-Rhin.

MANNBERGUER (F.), *vice-président* et *trésorier général*.
MÉZIÈRES, membre de l'Académie française, député.
MOLITOR (comte), secrétaire d'ambassade.
POURTALÈS (comte Edmond de).
RAIGECOURT (marquis de).
RIÉGÉ, docteur en médecine.
ROTHAN (Gustave), ancien ministre plénipotentiaire.
RUCH, négociant.
RUMPLER (Théophile), négociant, *vice-président*.
WURTZ (Th.), ancien manufacturier.

M. PENOT (H.), *secrétaire général.*

LISTE DES PERSONNES

QUI ONT FAIT DES LEGS A LA SOCIÉTÉ DE PROTECTION

MM. De Naurois.
    Szaniawski.
    Fardoux.
    Monestier.
    Lang.
    Luc.
    Durand.
    Doré (Gustave).
    Greslé (Gustave).
Mlles Erny.
    Bordeaux.

IMPRIMERIE CHAIX, RUE BERGÈRE, 20, PARIS. — 17324-4.